AF250919

"Petite Collection Vitryate"

POUILLAT D'ISLAND

Un ROMAN

A VITRY-LE-FRANÇOIS

en 1809 & 1810

PRIX : 75 CENTIMES

VITRY-LE-FRANÇOIS

Vᵉ TAVERNIER & FILS, ÉDITEURS

12, Rue de Vaux, 12

M DCCC XCIII

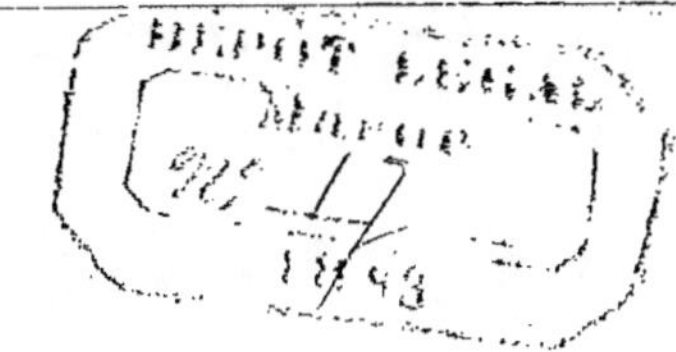

UN ROMAN

A VITRY-LE-FRANÇOIS

EN 1809 & 1810

"Petite Collection Vitryate"

POUILLAT D'ISLAND

UN ROMAN

À VITRY-LE-FRANÇOIS

EN 1809 & 1810

VITRY-LE-FRANÇOIS

Vᵉ TAVERNIER & FILS, ÉDITEURS

12, Rue de Vaux, 12

M DCCC XCIII

UN ROMAN A VITRY-LE-FRANÇOIS

EN

1809 & 1810

Quel grand peintre de mœurs que notre Balzac! Comme ses romans, ces études si vraies et si réelles sur la vie de province dans la première moitié de notre siècle, s'éclairent et s'expliquent, lors qu'on vient de passer quelques heures avec les hommes de ce temps déjà si lointain et comme disparu.

J'ai là devant moi toute une longue et curieuse correspondance de 1809 et 1810 qui ressemble à une reproduction de Balzac avant la lettre, à un roman anticipé de ce peintre incomparable de la vie de province.

Voici cette page écrite et vécue bien longtemps avant que le maître songeât à immortaliser dans la *Comédie humaine* ces mœurs d'or de nos grand'mères, les Ursule Mirouet et les Eugénie Grandet.

CHAPITRE I

En 1810, il y eut entre Reims et Vitry-
le-François de longs pourparlers, un
échange sans fin de lettres, de dépêches,
je devrais dire de notes diplomatiques
entre les personnages les plus considé-
rables des deux cités champenoises et
du département. L'affaire était grave
comme on le verra plus loin : il ne s'a-
gissait point de conflit, ni de guerre
européenne; pas plus que de blocus
continental ni de glorieux traité de paix.
L'opinion alors ne s'occupait point de
ces choses banales et de tous les jours.

La gloire en quelque sorte était en
l'air. On en était rassasié. C'est à peine
si, en dépouillant cette longue corres-

pondance qui m'a permis d'étudier de près les mœurs de ce temps, j'ai remarqué dans une lettre venue de Reims à Vitry la mention suivante : Napoléon est passé cette nuit ici incognito. Tandis que ce César, ce Dieu nouveau, passait ainsi rapide et inconnu au-dessus des têtes qu'il protégeait; — le bourgeois de Reims ou de Vitry ne restait pas inactif à politiquer : le premier vendait son vin, l'autre ses grains.

Mais au moment où nous en sommes, la question était grave. Il s'agissait de savoir si M. Gard-Letertre, fils, de Reims, épouserait Mlle Rose V.., de Vitry-le-François, qui avait alors dix-sept ans et était la plus riche héritière de notre petite cité champenoise.

Oui, la question était grave et difficile à dénouer. A peine parvenue à ses dix-sept ans, Rose, qui était orpheline et n'avait d'autres parents qu'un vieux grand-père chez lequel elle restait à Vitry-le-François, rue du Lion-d'Or, Rose avait vu sa main et sa dot vivement recherchées et disputées de Vitry à Reims par d'innombrables prétendants.

Cependant, son cœur avait déjà parlé, et elle avait fait son choix, simplement, mais nettement. Je ne crois pas que notre héroïne ait pu encourir le reproche que fait au sexe faible le bon roi François Ier « souvent femme varie ». On en aura la preuve dans ce qui va suivre.

Rose V.., avait rencontré le héros de notre histoire au château Du P.., chez une de ses parentes qui portait le nom du château.

Le jeune homme était allié aux premières familles de la bourgeoisie rémoise : en effet, il était le neveu de M. Ruinart de Brimont ; il était aussi le neveu du baron Ponsardin. Par cette dernière parenté, il se trouvait être le cousin-germain de Mme veuve Clicquot-Ponsardin.

En même temps que cousin, il était le représentant et le voyageur de cette maison de champagne, et aussi d'un M. Dubois, l'un des premiers qui semble avoir exporté les vins mousseux. Il avait voyagé pour son propre père, M. Gard, un graveur, un artiste ama-

teur, qui semble avoir quitté de bonne
heure le commerce des vins. Sa clien-
téle fut absorbée par la maison Clicquot.

En 1815, les officiers Russes avaient
assiégé Reims. Puis envahissant la
maison de M. Ponsardin, maire de la
ville et président du tribunal de commerce depuis plus de vingt-cinq ans, ils
la fouillèrent de fond en comble, et
trouvèrent dans les caves, au fond d'une
cachette quelques bouteilles à la marque
de sa fille, Madame Vᵉ Clicquot. A quelque chose malheur est bon.

Le siège de Reims par nos bons amis
les Russes, qui semblait devoir ruiner
cette cité, en fit la fortune. Après la
paix, les relations commerciales se ré-
tablirent; et avec le temps, les fidèles
sujets d'Alexandre allaient devenir des
clients tout aussi fidèles pour Mme Vᵉ
Clicquot. Pour longtemps, pour toujours ils allaient emporter au fond de la
froide Russie le goût parfumé de cette
chaude et pétillante liqueur. C'est pour
eux désormais qu'allaient fleurir les
coteaux d'Ay, de Bouzy et d'Ambonnay.

De Reims à Pétersbourg, ils vont laisser derrière eux retentissante une lumineuse traînée qui ne s'éteindra plus.

Dès les premiers jours de 1817, Mme Clicquot reçoit d'un seul coup du fond de la Russie plus de 60,000 francs. Ses parents de Vitry-le-François, les Gard-Letertre, la plaisantent : c'était de belles étrennes. Ils la prient de s'en tenir au million.

Dans cette même année 1817, on *empaille*, c'est le terme usité, pour le chargement d'un navire. Après la Russie, la Champagne va conquérir l'Angleterre et l'Amérique.

Mais en 1810, ses conquêtes étaient plus modestes. Sans doute avant sa mort (1805), M. Clicquot avait fait de ses crûs le vin des têtes couronnées, comme on disait alors : cependant les relations commerciales étaient pourtant fort restreintes.

Dans ses voyages, le héros de notre histoire ne dépasse jamais Bruxelles ou Anvers. C'était de là, sans doute, qu'il opérait sur les têtes couronnées.

CHAPITRE II

Comme nous l'avons dit, notre héroïne Mlle V.,, était une riche héritière de Vitry. Elle avait perdu toute jeune ses parents, et avait été recueillie par un grand-père d'un âge fort avancé, mais toujours rempli d'activité, et attentif à ses intérêts. Sa fortune consistait principalement en vastes terres et en plusieurs fermes du côté de Huiron et de Glannes.

Dans ce foyer sévére et un peu froid, Rose avait cru et grandi comme une jeune plante dans un bon sol, libre et ferme de caractère. C'est en vain que de Vitry à Reims on se dispute sa main, — et peut-être encore plus sa dot — son choix est fait : « Elle aura *Gard*, comme elle l'a écrit si souvent plus tard, et n'en aura pas d'autre. » Dès qu'elle l'eût rencontré au château de Du P.,. elle s'éprit aussitôt pour lui d'une vraie et belle passion, dont elle n'entendra plus se départir.

Mais l'horizon se charge, des lettres anonymes parties de Reims ou d'ailleurs viennent troubler la conscience du grand-père. Rose aura bien pour appui sa bonne grand'mère malade et déjà un pied dans la tombe ; son oncle Collard, janséniste sévère mais bon, et une tante qui lui a fait connaître Gard. Mais que peuvent ces faibles secours contre des ennemis qui ne reculent devant rien. Du côté de la famille de Rose on a des vues sur elle ; on veut la marier avec un sien cousin. Deux mauvais génies, ses tantes, soufflent le feu de la discorde et par tous les moyens veulent rompre ce mariage.

Rose tient bon.. « J'ai déclaré nettement à mon grand-père, écrit-elle, que j'aime Gard et que je n'en aurai jamais d'autre ! »

Le grand-père hésite, temporise : « Si tu lui es si attachée, je consens que tu te maries, mais aux Jours Gras, quand tu auras tes 18 ans. » Rose se hâte de faire connaître à Reims la bonne nouvelle.

Le lendemain la scène change ; Rose écrivait : « Voilà bien des personnes qui arrivent l'après - dîner et demandent mon papa en particulier. Ayant de tristes pressentiments, je monte à ma chambre pour pleurer une minute ; après, je descends et j'écoute attentivement ce que l'on disait : J'ai entendu : « Je viens de recevoir des lettres de Reims comme quoi je vous avertis de ne pas marier votre petite-fille. Si vous la mariez, vous verrez que vous en aurez un regret infini, et que tout le monde vous jettera la pierre. »

Le grand-père répond qu'il a donné son consentement aux oncles du jeune Gard, M. le baron Ponsardin et M. Ruinart de Brimont et qu'il aura bien de la peine à se dédire. Il ne veut plus écouter personne.

Ce n'était qu'une escarmouche d'avant-garde. Le même soir arrivent successi-

vement le curateur de Rose, la famille
du côté de son père, et le juge de paix
de Vitry, également de la parenté. Tous
menacent le grand-père : « C'est à présent, monsieur, qu'il faut défaire le mariage de votre petite-fille ; — si vous ne
le défaites pas, vous verrez ce qui vous
en arrivera ; — si vous ne suivez pas les
avis des plus proches parents, vous pa-
raîtrez devant la justice, etc, etc. » Le
pauvre grand-père confondu, attéré,
perd la tête ; il va en pleurant annoncer
à sa petite-fille la fâcheuse nouvelle.

— Tu le vois, s'écrie-t-il, ce n'est pas
moi qui défais ton mariage....

Depuis ce temps, le désespoir s'est em-
paré de l'âme de la pauvre Rose : « Hélas !
écrit-elle, si j'avais pu me prononcer devant la famille....., mais, je n'ai aucun
pouvoir, ni aucune comparution, parce
que je suis trop jeune ! »

CHAPITRE III

C'est Rose elle-même qui donne tous
ces détails, dans une suite de lettres
écrites à la sœur de son fiancé. Par un
sentiment, par une hésitation qui se
comprend, elle n'ose encore écrire à son
fiancé lui-même ; d'ailleurs elle n'a pas
encore été autorisée à le faire. Elle ne
le fera que plus tard avec l'assentiment
de son grand-père. En 1810, la famille
est encore fondée sur l'obéissance, et la
première vertu d'une jeune fille est peut-
être la résignation.

Renseigné par sa sœur, notre prétendant, que ses voyages avaient mené à
Lille, qui songeait même à pousser jusqu'à Bruxelles et Anvers pour se rabat-

lre sur Boulogne et Arras, quitte Lille sans tarder et repart brusquement pour Reims, mais ne s'y arrête point. Le lendemain de son passage à Reims, il écrit à sa sœur, du faubourg de Châlons, à Vitry, où il était descendu à l'hôtel :

« Je n'ai été rencontré de personne de connaissance, et ne suis sorti de l'hôtel que le soir du jour de mon arrivée, où j'ai envoyé de la musique vis-à-vis la maison du grand-père, mais qui n'a produit aucun effet. Personne n'est sorti. Heureusement qu'à force de tourner et retourner j'ai vu sortir Rose avec sa fille. Je les ai suivies de loin et ensuite perdues de vue sans savoir où elles étaient allées. Enfin, je me suis si bien posté, tout en restant caché, à l'entrée de la Rue du Lion-d'Or que je les ai vues revenir. Et alors pour ne pas me tromper, m'approchant j'ai demandé la maison de quelqu'un de Vitry. La pauvre Rose a manqué de se trouver mal, sa fille elle-même ne savait plus où elle en était : enfin cette dernière m'a envoyé chez M. Millon. Rose a été chercher sa

tante Du P., et là nous avons pu nous voir
à trois reprises : elle m'assure que je puis
être tranquille, que jamais elle ne con-
sentira à d'autres liens !

Mais. ma chère amie, combien il est
à craindre qu'elle ne puisse résister aux
persécutions de toute une famille ! »

« Cependant, comme écrit le père
Gard-Letertre à son fils, il arrive toujours des lettres horribles de Reims, et
nous ne savons par qui ni ce qu'elles
contiennent. C'est une conspiration contre nous. A un criminel on communique
au moins les charges, à nous aucune.
Mais on nous condamne et ils finiront
par entraîner la pauvre Rose en lui
faisant part de ces horreurs, sans que
nous sachions ce que c'est, ni que nous
puissions nous disculper. Ta mère est
accourue de C. à Reims à 8 h. du soir ;
cela lui fait beaucoup de peine ; et Rose
est sûrement comme dans un étau... »

Elle a beau être comme dans un étau,
Rose tient bon. Elle est d'ailleurs énergique, son caractère est entier. Elevée
solitaire, ne devant rien qu'au foyer as-

sez froid de ses vieux parents et à la
nature, il n'y a place chez elle ni à la
mélancolie déjà à la mode, ni aux faibles-
ses du découragement.

Lorsque ses adversaires pourraient la
croire abattue, elle se relève par un
dernier effort. C'est ainsi qu'elle fait
parvenir par un de ses parents un mot
à la sœur de son fiancé, où elle lui dit :
« Un parti très riche vient de se pré-
senter ; il ne tenait qu'à moi de le
prendre. Mais je n'en ai pas voulu : je
me tiens à celui que j'aime et que j'ai-
merai toujours. Ce sont pourtant les
mauvaises langues de votre ville qui
sont causes de toutes mes peines. Ah !
si je les voyais ces personnes, comme
je les arrangerais joliment. Car en vérité elles ne méritent que l'indignation
de tout le monde » — Oui cette pauvre
Rose, si franche, si sincère ne comprend pas qu'à côté de cette ligue de
basses jalousies, d'intérêts vils et mé-
prisables, — il ne se forme pas une pro-
testation unanime en sa faveur. La dé-
fendre elle et son amour est le devoir
de tous, lui semble-t-il. La tristesse, qui

commençait à la gagner à la vue des larmes du grand papa découragé et abandonnant sa cause, est remplacée déjà par l'indignation, l'indignation qui se fait jour dans une âme énergique et forte.

Le prétendant, lui, perd plus vite patience : « Je vous avoue, écrit-il au grand-père, que si je n'étais aussi sincèrement attaché à Rose que je le suis, et si les choses n'étaient pas aussi publiques, j'aurais envoyé tout promener. »

Toutefois le grand-père de Rose, très attaché à sa petite-fille, travaille pour elle contre ses ennemis de Vitry qui sont aussi des prétendants. Le vieux père Gard, qui avait été un artiste et un amateur plus qu'un négociant en vins mousseux, avait peut-être besoin qu'on lui refît une virginité : le grand-père de Rose tient à ce point afin que ses adversaires n'aient rien à lui reprocher. On travaillera dans ce sens.

Cependant on se remuait aussi à Reims : « M. Ponsardin, Mme et M. de Brimont, écrit Gard le père à son fils, sont venus passer hier l'après-diner à la maison pour tout cela. J'espère qu'après cet assaut nous n'en aurons plus à éprouver. »

En effet la situation s'améliorait. Le sévère janséniste Collard avait élevé la voix pour gourmander les mécréants de Vitry, leur reprocher de n'avoir ni cœur, ni religion.

Enfin les relations se renouent entre les deux familles. On envoie de Vitry à Reims le jeune V..., frère de notre héroïne, pour lui faire connaître le monde et lui donner l'usage. Ce jeune V.., sera comme un otage, selon la jolie expression du père Gard. A Reims, ville de haute bourgeoisie, le jeune Vitryat est bien dépaysé. C'est en vain qu'on a invité le frère de Rose à dîner chez M. de Brimont ; il refuse de s'habiller et d'aller dîner en ville. On l'apprivoise enfin ; il se costume élégamment : beaux bas de soie, beau *jabeau*, belle cravate ; bref, il paraît charmant à M. et Mme de Brimont et à la tante Ruinart. D'un Vitry atagreste, on a fait presque un jeune élégant de Reims.

Mais le plus grand progrès, le pas décisif, c'est qu'il est permis à Rose de correspondre avec son fiancé : le sévère M. Collard s'y prête le premier. Aussi, que de lettres le courrier emportera tour à tour pour les diverses régions du Nord où le hasard des voyages a pu conduire le jeune Gard-Letertre : lettres naïves et adorables de simplicité.

C'est la nature dans son ignorance et sa naïveté la plus extrême. Ecoutez plutôt ce babillage au milieu duquel revit l'existence d'autrefois avec ses détails curieux.

« J'ai reçu ta lettre à dix heures du soir. J'allais me coucher, lorsque nous avons entendu sonner : quelle fut ma surprise de voir la *factrice* m'apporter une lettre de toi. J'ai mis nos filles dans ma confidence pour dire à mon papa que c'était le boulanger qui venait demander à cuire. J'ai donné cette excuse afin d'être tout entière au plaisir de lire ta lettre. Je me suis couchée bien satisfaite et j'ai posé ta lettre sur mon cœur ; elle m'a donné d'agréables rêves. Mais, je les déteste puisque tous les rêves sont menteurs. »

Cette jeune fille, que nous avons trouvée si forte contre l'intrigue, ne doit rien à la scholastique, à la grammaire, à l'éducation qui a toujours un point faible et artificiel. Elle est toute nature. Son orthographe ferait les délices d'un novateur ou d'un réformateur qui voudrait démolir Lemaire ou Chapsal. Mais si elle met mal l'orthographe, je crois pouvoir dire qu'elle pense bien.

La première lettre de cette jeune fille énergique, qui a si bien soutenu la lutte contre tous ses parents de Vitry, est la lettre d'un enfant :

« J'ai été, on ne peut plus sensible à ta lettre ; je vois bien que c'est réellement que tu m'aimes. Et toi, comment ne pourrait-on pas t'aimer avec toutes les qualités, malgré que tu te juges avec bien des défauts. Sois sûr que je ne t'en trouverais jamais. Ce sera à ton bon papa, et à ta bonne maman à qui je devrais le prix d'être heureuse, par la bonne éducation et les bons principes que tu as reçus d'eux. Connaissant ta bonté, j'ai l'espérance que tu auras un peu d'indulgence pour moi... Tu ne *trouvairas* (sic) pas en moi de grands talents, mais tu *trouvairas* une femme qui t'aimera toujours... Si tu as le désir de m'apprendre quelque chose, aie un peu de patience. Comme j'ai la bonne volonté de m'instruire, tu parviendras à faire quelque chose de moi. Malheureusement pour moi, ma bonne maman est morte trop tôt ; elle n'a pas pu me continuer ses tendres soins... »

Quelle lettre d'enfant ! Et cependant l'éternel féminin est toujours là ! Ecoutez cette lettre qu'elle envoie à son fiancé le 29 mars 1810, le jour même du passage de la future impératrice Marie-Louise à Vitry-le-François, écoutez, et notez le mot de la fin :

«... Etant arrivée dans son appartement elle a ouvert les croisées et elle a salué tout le monde avec un air très agréable. Elle a couché à Vitry et avant son départ, elle a fait de très beaux cadeaux... Je crois que tous vos préparatifs sont inutiles, car on dit qu'elle n'arrêtera pas à Rheims, et qu'elle ira dîner chez M. de Valence à Sillery. Et le lendemain elle sera remise à son cher mari. Je voudrais bien être comme elle... »

Impératrice, empereur, diplomatie, politique, Autriche et France, elle ne voit rien de pareil en tout cela. Femme, elle n'y voit qu'une autre femme plus heureuse qu'elle qui sera remise sous trois jours entre les bras de son mari. Et dire que peut-être cette pauvre Marie-Louise, que l'archiduchesse, impératrice de demain, envie le sort et la liberté de ces filles de la bourgeoisie que la politique ne marie point... A moins qu'elle aussi n'ait eu qu'une aspiration, être remise à son cher mari : *tu felix Austria nube !*

Ailleurs, elle écrit toujours à son fiancé :

« C'est bien ennuyeux d'attendre aussi longtemps ; pour ma bonne cousine, elle est mariée le jour de ta fête (c'était la St Etienne). Elle m'a écrit dernièrement, elle me prouve infiniment d'amitié, et me mande que je lui dise si mon papa a toujours en tête d'attendre mes dix-huit ans : que lorsqu'elle était à Vitry, elle me plaignait : mais qu'à-présent qu'elle sait ce qu'il en est qu'elle me plaint encore davantage... J'ai montré la lettre à mon papa qui n'en a fait que rire : il dit qu'ils sont trop âgés pour faire la noce l'hiver. Ainsi il faut attendre le printemps. »

O simplicité ! Les rêves des jeunes filles seront donc toujours les mêmes, innocents, naïfs, et sincères !

Cependant l'inquiétude et un souffle léger, voisin de la jalousie, semblent avoir effleuré un instant cette âme si naïve et si parfaite de jeune fille : « Je serais charmée que ma cousine ait un

mari qui puisse la rendre heureuse, car
à présent, il faut bien choisir... Il y a
des hommes souvent qui vous trompent
en badinant, et je les compare à des
papillons bien volages... Je ne dis point
ça pour toi, mon tendre ami ; si je n'é-
tais sûre de mon bonheur, je ne t'aurais
point choisi pour passer mes jours avec
toi... »

Cet esprit neuf n'en était pas moins
comme par hérédité un esprit positif :

« Tu vas rester encore deux mois
dans le pays de la Flandre, éloigné de
ta famille et de moi, qui soupire à tous
instants de voir arriver le jour, où je
ne te quitterai plus. Mais puisque nous
ne pouvons rien gagner pour le temps,
armons-nous de courage l'un et l'autre...
Aie soin de tes affaires ; fais-en un peu
et tâche de les faire bonnes, afin de gagner de l'argent pour ceux qui vien-
dront se mêler de notre petit ménage...»

Mais notre héroïne a par-dessus tout
une grande force de résistance. Cette
frêle jeune fille de 17 ans tient bon

contre toutes les contrariétés que la jalousie a amassées contre elle et ses espérances de mariage. Elle résume toute sa pensée dans ce passage typique d'une lettre écrite à son fiancé :

« Je résiste et tâche de me dissiper le plus que je peux... Car, si j'étais malade, il y aurait des personnes qui ne feraient qu'en rire et qui en jouiraient. Je sens que j'aie encore besoin au monde puisque l'avenir me fait espérer du bonheur et que toi-même y veux contribuer. »

Elle se roidit ; elle dissipe par la gaieté ce nuage de mélancolie qui un moment semble devoir envelopper et ternir sa robuste et saine jeunesse. Elle a de la volonté comme une héroïne de Corneille, ses ennemis ne triompheront pas de ses ennuis ; ou plutôt cette naïve jeune fille est forte et obstinée dans son affection comme une héroïne bourgeoise de notre grand Balzac.

Cependant le grand-père de Rose s'endormait sur la parole donnée jadis ;

il ne pouvait se résoudre à marier si jeune cette petite-fille dont il avait à répondre...

La sœur de notre héros, Mlle Gard-Letertre, négociante en dentelles à Paris et qui sous la Restauration sera la fournisseuse de la duchesse de Berry, en femme d'esprit essaie d'obtenir par la diplomatie, par un coup habile et bien frappé ce consentement du grand-père, qui certes n'a pas été refusé, mais aussi n'a pas été réellement emporté jusqu'ici.

Elle lui écrit de Reims, elle le presse, elle le menace de l'arrivée de deux diplomates redoutables ; l'oncle Ponsardin et M. Ruinart de Brimont. qui doivent aller faire définitivement une demande. Ces messieurs sont partis à 4 h. du matin pour Châlons où ils sont appelés au Conseil Général du département. A cette époque le Conseil Général se recrutait dans les plus hautes fortunes de chaque province : les citoyens les plus imposés en étaient membres de droit. Elle ajoutait que quelques jours après ils iraient à Vitry.

Cette lettre ne fut pas sans causer quelque émoi au grand-père de Rose. En même temps le prétendant reprend encore une fois de son côté le chemin de Vitry, et se fait conduire chez l'intraitable grand-père par l'oncle Collard. Là, une dernière fois, le grand-père donne sa parole au jeune homme et lui répète pour ne plus y revenir qu'il pouvait compter sur sa petite-fille, mais qu'il ne pouvait pas la marier avant ses *18* ans, que là-dessus sa volonté était irrévocablement fixée. On ne pouvait pas même le presser d'avancer les choses par crainte de tout brouiller une seconde fois.

C'est ainsi que ce vieillard voulait bien répondre aux désirs de sa petite-fille et ne point contrarier son choix, tout en lui donnant le temps de la réflexion et surtout en évitant la précipitation et l'entraînement en affaires si graves. De cette façon ses ennemis et ceux de Rose ne pourraient le blâmer et il n'aurait rien à se reprocher lui-même. Pour nos bourgeois de 1810, un mariage n'est pas une chose qu'on traite à la légère : c'est une affaire d'état. Cependant MM. Ponsardin et Ruinart de Brimont attendaient à Châlons, tout en suivant les opérations du Conseil Général, l'instant d'agir et de se porter à Vitry. L'affaire s'était ébruitée ; presque tous les membres du Conseil Général, mis au courant de ces longues et habiles négociations, avaient les yeux sur les deux ambassadeurs rémois.

C'est à ce moment que le jeune Gard-Letertre leur fait connaître la réponse du grand-père de Rose dont nous parlons plus haut.

En habile politique, M. Ponsardin voit qu'il faut s'en tenir à ces assurances pour son neveu et ne pas risquer de tout perdre en voulant précipiter les choses et trop gagner. Il écrit le jour même à Mme la baronne Ponsardin restée à Reims, lui fait connaître la réponse du grand-père de Rose à son neveu, et ajoute :

« D'après des choses aussi positives, il faut plusieurs mois avant que le mariage puisse se conclure. Eussé-je été prudent de partir à Vitry en présence

de tous les membres du département.
Ce voyage fait à contre-temps n'eût-il
pas fait mouvoir toutes les langues, ré-
veillé toutes les jalousies et les animo-
sités, et peut-être été très contraire à
nos vues. Quand j'ai reçu hier à Châlons la lettre de Gard. M. de Brimont
était allé dîner en ville. Je la lui en-
voyai de suite. Il m'a fait dire que nous
ferions nos réflexions. Le soir, étant
revenu à 8 heures, nous avons bien pesé
toutes choses, et avons, après y avoir
mûrement réfléchi, cru que ce serait
faire une imprudence que de nous y
transporter dans ce moment; qu'il fallait
attendre que le grand-père de Rose pût
revenir sur sa détermination, sans le
heurter en aucune manière.

J'avais écrit hier à Gard que si nous
n'étions pas aujourd'hui à midi à Vitry,
il ne compte pas sur nous. Je lui ai
écrit ce matin et lui ai dit nos motifs :
j'ai mis dans cette lettre une autre que
j'ai écrite au grand-père de Rose, où je
le remercie du bon accueil qu'il a fait à
Gard et de la promesse qu'il lui a faite.
Je l'assure que toute la famille s'empres-

sera de contribuer au bonheur de sa petite-fille, et que nous irions nous-mêmes l'en assurer dans quelque temps. M. Ruinart a signé cette lettre. »

Avec quelle diplomatie et quelle gravité se traitaient alors les affaires des familles. Dans les hommes mûrs, dans les chefs des classes dirigeantes de l'énergie et de sérieux intérêts ; — on croirait par la bouche de M. Ponsardin entendre un Richelieu discutant les intérêts politiques et les affaires de la Maison de France ; — dans la jeunesse de l'attachement, une fidélité solide, des sentiments naturels et des passions vraies. Telle était cette société, telle était cette vie de province qu'aura un jour à peindre le plus grand peut-être de nos romanciers, — Balzac.

Balzac n'aura guère qu'à voir ou à se souvenir, puis à rendre ce qu'il a vu ou ce dont il se souviendra. Mais ses modèles, j'entends ses modèles de jeunes filles, sont si beaux et si purs que le peintre aura beaucoup à lutter pour les exprimer sur la toile tout entiers et en toute vérité. Et qui ne connaît pas l'époque peinte par Balzac, — presque tous nos contemporains en sont là, — sera tenté de croire qu'il a inventé de toute piéce et idéalisé ces caractéres de jeunes filles, dont Eugénie Grandet restera le type immortel. Cependant le romancier, comme je crois l'avoir démontré ici, n'aura guére fait qu'esquisser la pure réalité.

Pour répondre en terminant à la curiosité de mes lecteurs de Vitry le-François, j'ajouterai que ce mariage, autour duquel s'agitèrent tant d'intrigues, fut conclu et célébré heureusement au mois de février 1811. « Heureux ceux qui meurent jeunes, » a dit un ancien ; Rose V., qui avait été si tourmentée dans ses affections et ses espérances de jeune fille, eut du moins ce mélancolique bonheur. Elle mourut jeune : mais, auparavant elle avait donné à Gard, son mari, un fils qui fut vers 1827 un remarquable élève de Ste Barbe et de l'Université de Paris ; il mourut jeune aussi. Seul le héros de notre his-

toire eut une longue et assez paisible
existence : sa sœur le rejoignit à Vitry-
le-François ; et les personnes de Vitry,
nées avant la première moitié de ce
siècle, ont pu les connaître tous les
deux.